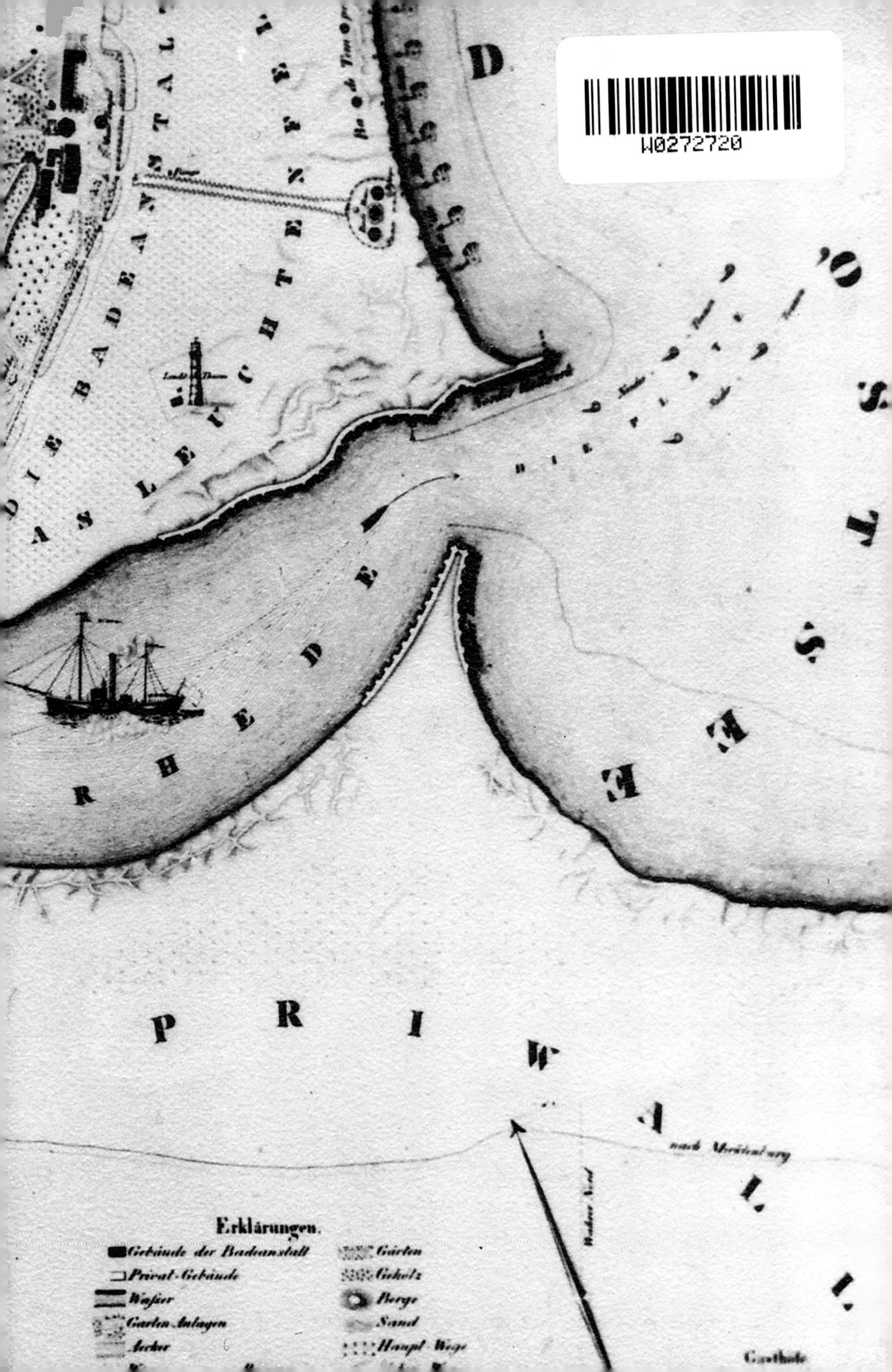
DIE BADEANSTALT
RHEDE
OSTSEE
PRIWALL
Erklärungen.
Gebäude der Badeanstalt
Privat-Gebäude
Wasser
Garten Anlagen
Acker
Gärten
Gehölz
Berge
Sand
Haupt Wege

Am 5. Mai 1970 wurde dieser Mehrzweckfrachter in der Schlichting-Werft auf Kiel gelegt. Er war 116,60 Meter lang und 17,20 Meter breit. Das ein paar Wochen später entstandene Foto wurde von einem der Baukräne aus aufgenommen.

Travemünde

Zu Beginn des 20. Jahrhunderts waren Grußkarten dieser Art modern, besonders gern genutzt wurden sie von Personen, die nicht viel schreiben wollten. Das Foto wurde vom Leuchtturm aus aufgenommen.

Rolf Fechner

Travemünde

in historischen Luftbildern

SUTTON ARCHiV

Über den Autor

Rolf Fechner wurde 1946 in Travemünde geboren. Nach dem zweiten juristischen Staatsexamen arbeitete er zunächst in Hamburg, dann als Syndikusanwalt bei einem großen Unternehmen in Hannover. Mehrere Jahre unterrichtete er dort nebenberuflich als Dozent an der Leibniz-Akademie. Seit seiner Rückkehr nach Travemünde ist er im Vorstand des Gemeinnützigen Vereins zu Travemünde (GVT) tätig, wo er seit Jahren als Chefredakteur das älteste Travemünder Periodikum „Unser Travemünde" verantwortet. Als Redakteur von Radio Travemünde im Offenen Kanal Lübeck moderiert er Travemünder Themen sowie eine Sendung mit seiner Lieblingsmusik, Rock und Bluesrock.
Foto: Helge Normann

Vorsatz: Grundriss von Travemünde aus dem Jahr 1829, erstellt von der Vermessungsschule F. Biscamp. Travemünde ist noch von seiner Stadtmauer umgeben, die 1802 gegründete Badeanstalt und ihre Nebengebäude befinden sich außerhalb dieser Mauern.
Nachsatz: Totalansicht von Travemünde um 1920. Die Siechenbucht ist zwar aufgeschüttet, aber noch nicht bebaut.

Impressum
Sutton Verlag GmbH
Hochheimer Straße 59
99094 Erfurt
www.suttonverlag.de

ISBN: 978-3-95400-779-0
Druck: Florjančič Tisk d.o.o. / Slowenien

Inhaltsverzeichnis

Danksagung

In großem Umfang konnte ich bei diesem Bildband auf mein eigenes Archiv sowie das des Gemeinnützigen Vereins zu Travemünde zurückgreifen.

Danken möchte ich all denjenigen, die mir mit Bildmaterial und sonstigen Informationen geholfen haben. Hierzu gehören Marc Schlicht vom Schöning-Verlag Lübeck, der mir wie auch in der Vergangenheit immer prompt und unkompliziert die Verwendung von Ansichtskarten gestattet hat, Ingo Soll, dessen Fotomaterial bereits meine vorherigen Bände bereicherte, Markus und Peter Schlichting, die mir interessante Bilder und andere Informationen über die ehemalige Schlichting-Werft übermittelt haben, Björn Lütgens mit ein paar seltenen Ansichtskarten sowie Karl-Hinrich Schmidt, dessen amüsante Privataufnahme ebenfalls Eingang in dieses Buch gefunden hat, und Hedi Wiechmann, die mir ihre Fotoalben zugänglich gemacht hat.

Tom Leber hat sich wieder als Spezialist für Flugzeugtypen erwiesen und umgehend und umfassend auf meine Fragen geantwortet.

Mit Informationen haben Wolf-Rüdiger Ohlhoff und Lothar Schwedler beigetragen.

Bildnachweis

Archiv GVT: S. 9, 22, 37, 64, 65 o und u, 66 u, 103 u, Björn Lütgens: S. 73, 112 u, Hans-Wedig-Müller: S. 74, 116/117, Fam. Schlichting: S. 8, 39, 93, 94, 95, 96, 97 o, Karl-Hinrich Schmidt: S. 91 u, Ingo Soll: S. 70 o und u, 91 o, 92 o, Hedi Wiechmann: S. 4, 6, 97 u.

Mit freundlicher Genehmigung des Schöning-Verlages durfte ich folgendes Bildmaterial verwenden: S. 67, 69, 71, 76,u, 77, 78/79, 80, 81, 83, 86, 87, 88/90, 112 o, 113 o, 114 o und u, 115.

Alle weiteren Bilder stammen aus dem Archiv des Autors.

Vorwort

Drei Bücher mit historischen Bildern aus Travemünde habe ich bisher im Sutton Verlag veröffentlicht: Es begann 2012 mit dem Band „Das alte Travemünde – ein Spaziergang in Bildern". 2014 erschien der Bildband „Die Halbinsel Priwall 1900–1990" und im August 2015 „Leben und Arbeiten in Travemünde in alten Fotografien". Alle Bildbände hatten unterschiedliche Ansätze: eine virtuelle Wanderung durch das alte Travemünde im ersten Band, die Darstellung des geschichtsträchtigen Priwalls im zweiten Band und die Aufgliederung nach Arbeits-, Freizeit-und sonstigen Lebensbereichen im dritten.

Seit 2007 halte ich Vorträge über das „alte" Travemünde. Hier hat sich gezeigt, dass der Vortrag mit historischen Luftbildern zu den nachgefragtesten gehört. Kann man über einen überschaubaren Ort wie Travemünde und Priwall über 130 Luftbilder zeigen? Ja, das geht. Denn anhand der Luftbilder lässt sich gut belegen, wie Travemünde im letzten Jahrhundert gewachsen ist und was sich landschaftlich – man denke nur an die Aufspülung der Siechenbucht – und baulich geändert hat. Werften sind verschwunden, der riesige Flughafen ist nur noch Geschichte. Die Tatsache, dass Travemünde einmal auf dem Priwall über einen internationalen Flughafen verfügte, ruft bei vielen Jüngeren, aber auch bei den Neubürgern häufig ungläubiges Staunen hervor. Viel alte erhaltenswerte Bausubstanz ist – gerade im Kurbereich – gedankenlos vernichtet worden.

Wie baut man den Bildband auf? Zwei Möglichkeiten kamen für mich in Betracht: die Luftbilder nach Alt-und Neutravemünde aufzugliedern und dem Priwall ein eigenes Kapitel zu widmen oder den Bildband zeitlich zu gliedern, z.B. bis 1918, dann bis 1945, anschließend die Nachkriegszeit und dann gesondert den Priwall zu behandeln. Nach etwas Herumexperimentieren habe ich mich für die zweite Alternative entschieden, weil insbesondere aus großer Höhe erstellte Bilder einer strikten Trennung nicht zugänglich sind. Natürlich gilt das auch im Verhältnis zum Priwall. Hier erfolgte die jeweilige Zuordnung zu „Travemünde" oder „Priwall" nach dem Bildschwerpunkt.

In diesem Bildband finden sich nicht nur „klassische" Luftbilder, die aus dem Flugzeug oder Zeppelin aufgenommen worden sind, sondern auch einige Bilder, die von einem höheren Gebäude wie Wasserturm (der noch bis 1977 bestand), Leuchtturm, Kirchturm, Kran oder nur aus dem oberen Stockwerk eines Gebäudes „geschossen" wurden.

Bereits in meinen ersten drei Bildbänden befanden sich ein paar Luftaufnahmen. Ein paar davon habe ich auch in diesen Band aufgenommen, wobei ich, wenn es dadurch anschaulicher wird, ein größeres Format gewählt habe. Zum einen dient dies meines Erachtens einer vollständigeren Darstellung, zum anderen kann ich nicht unbedingt davon ausgehen, dass Sie, liebe Leserin, lieber Leser, alle von mir erschienenen Bildbände besitzen.

Neben Ansichtskarten habe ich auch etliche Bilder aus Privatbesitz erhalten, sei es direkt oder über das Archiv des Gemeinnützigen Vereins zu Travemünde, dem etliche Personen Bildmaterial zur Verfügung gestellt haben, um es vor der Vernichtung und dem Vergessen zu bewahren.

In diesem Sinne wünsche ich Ihnen eine interessante und aufschlussreiche Zeitreise.

Rolf Fechner

1957 entstand dieses Bild der Schlichting-Werft.

Aufnahmen bis 1918

Von der Ivendorfer Anhöhe blicken wir auf das „Städtchen" – das war damals die gängige Bezeichnung – Travemünde. Gut zu erkennen ist u.a. die Travemünder Mühle. Das Foto stammt aus der Zeit um 1910.

Travemünder Hafen und Lübecker Bucht vom Luftschiff „Hansa" aus

◂ Vieles spricht dafür, dass der Doppeldecker, aus dem heraus dieses Bild um 1915 „geschossen" wurde, im Flughafen Travemünde stationiert war. Wir sehen im Hintergrund die Siechenbucht.

1913 flog die „Viktoria Luise" über Travemünde hinweg, wie mehrere alte Aufnahmen bezeugen. Dieses Bild wurde vom Leuchtturm aus aufgenommen. In den Erdhügeln auf dem Leuchtenfeld befanden sich Ballastlager für Segelschiffe, damit diese wieder mehr Tiefgang und damit bessere Stabilität erreichten, nachdem sie ihre Ladung im Hafen gelöscht hatten.

◂ Das Bild müsste im Jahre 1911 entstanden sein. Das 1911 erbaute „Parkhotel" ist nämlich schon darauf zu erkennen, nicht aber der 1912 von Fritz Klingholz entworfene neue Strandbahnhof.

Das Leuchtenfeld im Mondlicht zeigt diese Aufnahme vom Ende des 19. Jahrhunderts. Auch hier sind wieder der als Ballast dienende Sand und Gestein zu sehen.

Um 1900 dürfte dieses Bild entstanden sein. Man hat zwischenzeitlich das Leuchtenfeld an der Traveseite von seinen historischen Hinterlassenschaften befreit. Stein- und Holzlager dienten dazu, eine stabile Uferbefestigung zu schaffen.

Bereits 1849 hatte man in Höhe der hinten links zu erkennenden Bauten einen geschützten kleinen Hafen für die Lotsenboote angelegt. Dieser erwies sich aber bald als zu klein, sodass bereits 1884 Bedarf für einen weiteren Lotsenhafen bestand. In der Folge wurden beide Lotsenhäfen benutzt. Der neue Lotsenhafen (unten) hatte seine Funktion bis etwa in die 1960er-Jahre. Er wurde dann zugeschüttet. Erst mit dem Bau des Wasser- und Schiffahrtsamtes an dieser Stelle wurde der Öffentlichkeit bewusst, dass hier auf quasi historischem Grund gebaut wurde.

Monarchen waren in der Kaiserzeit gern zu Gast in Travemünde, insbesondere natürlich zur „Travemünder Woche“. Einige Zuschauer wohnen dem Hafenbesuch bei.

Die Kaiserjacht „Hohenzollern“ im Hafen zu Travemünde

Ostseebad Travemünde
Blick vom Leuchtthu

◂ Das Interesse an der Yacht Kaiser Wilhelms II. scheint doch erheblich größer zu sein. Hier ist insbesondere auch die Uferpromenade geschmückt.

Erstes Strandleben zeigt diese vor 1900 entstandene Aufnahme. Die Strandpromenade war noch nicht erbaut, vielmehr spazierte man auf hölzernen Stegen am Strand entlang. Man saß oder lag – voll bekleidet – am Strand oder in den neu entworfenen Strandkörben. Nie wurde direkt vom Strand aus gebadet!

◂ Auf diesem Ende des 19. Jahrhunderts aufgenommenen Bild sind neben dem neuen Lotsenhafen sowohl der Signalturm als auch die Süderbake an der Priwallseite zu erkennen. Das Leuchtenfeld, das jahrhundertelang außerhalb des Städtchens Travemünde lag, beginnt langsam Konturen zu gewinnen.

Andenken an das Ostseebad Travemünde

Gruss
aus Travemünde.

◂ Ab 1873 existierte eine – jeweils voneinander getrennte – Damen- und Herrenbadeanstalt, die direkt in die Ostsee hineingebaut wurde und allmählich die Badekarren ablöste. Das Foto müsste im letzten Jahrzehnt des 19. Jahrhunderts entstanden sein.

1882 entwarf der Architekt Julius Grube diesen großen Strandpavillon. Zweistöckig und achteckig bot er 505 Personen Platz. Bis 1926 erfreute er die Travemünder und ihre Besucher. Er wurde abgerissen, weil er u.a. nach der damaligen Begründung nicht mehr in das Strandbild passte. Stattdessen wurde am Ende der Strandpromenade – jetzt Beginn des sogenannten Grünstrands – ein neuer Strandpavillon errichtet, der in den 1970er-Jahren einer Wohnungseigentumsanlage weichen musste. Das Bild stammt aus den 1890er-Jahren. An seiner Stelle befand sich lange das Rondeel. Jetzt sind hier nach der 2012 erfolgten Sanierung der Strandpromenade Wasserspiele installiert.

◂ Im Jahre 1900 war die Travemünder Strandpromenade fertiggestellt. Sie galt neben der von Nizza als eine der schönsten Europas. Die Seebadeanstalten, nach Geschlechtern getrennt, sind nun auch mit einem umfangreichen Sichtschutz versehen. Das Bild ist offensichtlich kurz nach 1900 entstanden, da die Promenade nicht gepflastert ist und in Richtung des späteren Brügmanngartens noch stark abfällt.

Zu Beginn des 20. Jahrhunderts ist diese Aufnahme entstanden. Langsam entwickelte sich das Villenviertel in Neu-Travemünde mit den ersten Bauten an der Kaiserallee. Neben dem Strandpavillon ist als herausragendes Gebäude das erste Konversationshaus (mit Türmchen) zu sehen. Der spätere „Fürstenhof" erfüllte diese Funktion, bis 1914 der städtische Kursaal diese Einrichtung übernahm. Der Brügmanngarten wird gerade angelegt. ▸

Anstelle des durch die Sturmflut von 1872 vernichteten ersten Warmbadehauses entstand 1973 das „Hansahaus". Im Erdgeschoss wurden Bäder in Eichenwannen verabreicht, das Obergeschoss diente der Unterbringung der Besucher. Gebadet wurde natürlich in Meerwasser. Mit der Errichtung einer Warmbadeanstalt im Jahre 1900 büßte das „Hansahaus" diese Funktion ein und diente schließlich als Hotel. 1973 wurde es – ohne Not, wie auch die Villen „Augusta" und „Marienlust" – wegen des Maritimbaus abgerissen. Heute befinden sich dort ein Miniwäldchen und eine Grünfläche mit Fahrradständern.

Der Blick vom 1910 auf dem Kalvarienberg errichteten 33 Meter hohen Wasserturm geht zu dem etwas versteckten Strandpavillon, dem daneben liegenden Tennisplatz sowie dem Brügmanngarten. ▸

Totalansicht vom Travemünder Villenviertel.

Und weiter im Uhrzeigersinn schauen wir auf die neu errichtete Warmbadeanstalt, auf deren Fläche Anfang der 1970er-Jahre der „Maritim"-Komplex errichtet wurde. Die Rasenfläche rechts beherbergte das „Aquatop", ist gegenwärtig (2016) wieder Rasenfläche und soll 2017 mit einem „Aja-Hotel" bebaut werden.

Vom als Aussichtssturm genutzten Wasserturm sehen wir hier auf das Ensemble des „Hansa-Hotels" sowie die davor liegenden Strandvillen.

Wir blicken auf Teile des Ensembles der sogenannten Seebadeanstalt mit dem „Hansa-Hotel", Nachfolger des Hansahauses, dem bis 1912 bestehenden alten Kurhausgebäude samt „Arkadenhaus" und einem Teil des Schweizerhauses. Das Bild wird Ende des 19. Jahrhunderts entstanden sein.

Travemünder Kurgarten

Wenden wir den Blick der Altstadt zu. Neben den Altstadthäusern ist eines der ersten in der Rose errichteten Häuser neben dem Bahnübergang zu sehen. Die Fehlingstraße präsentiert sich noch als reiner Feldweg. ▸

Mit der Gründung einer sogenannten Seebadeanstalt im Jahre 1802 begann der Aufstieg Travemündes als Seebad. Das seinerzeit außerhalb der Stadtmauern Travemündes befindliche Gelände am Kalvarienberg und dem Leuchtenfeld war die Keimzelle des Seebades. Auf dem Territorium des späteren Kurhauskomplexes wurde zunächst ein Speisehaus errichtet, danach ein Logierhaus, das im Laufe des 19. Jahrhunderts um weitere Gebäude, darunter auch Musikpavillons, erweitert wurde. Unser Bild zeigt die Anlage des Kurhauses um 1890. Die Bepflanzung auf der unteren Bildhälfte gehört schon zum „Hansahaus". Der dazwischen verlaufende Weg ist die heutige Außenallee.

Wir sehen Anfang des 20. Jahrhunderts eine schon recht geschlossene Bebauung in der Rose. In der Fehlingstraße ist gerade ein Haus errichtet worden. Der Mühlenberg scheint kaum mehr als ein Trampelpfad zu sein. ▸

Travemünde
Panorama

Aus derselben zeitlichen Periode stammt diese Aufnahme. Sie zeigt den 1898 errichteten Strandbahnhof nebst den ersten am Godewindteich errichteten Villen.

Gut ist hier die Drehscheibe des Strandbahnhofs zu erkennen, ebenso die „Felsenburg“ sowie im Hintergrund der „Evershof“. Die Eisenbahn wirkt wie eine Spielzeugbahn.

Die Terraingesellschaft „Neutravemünde“ entwickelte zu Beginn des 20. Jahrhunderts die Pläne für eine Villenkolonie. Dazu gehörte auch der Bau einer Garten- und Parkanlage nach englischem Vorbild.

Der künstlich angelegte Teich wurde in seiner schmalen Mitte mit einer Brücke verbunden. Die nach 1912 entstandene Aufnahme zeigt das 1911 errichtete „Parkhotel“ sowie gegenüber – sehr vereinsamt – das Eckhaus Fehlingstraße/Godewind und das Landhaus, das wohl erste in der Fehlingstraße errichtete Gebäude.

Dieses um 1910 entstandene Bild zeigt die nun auch in der Bertlingstraße und der Kaiserallee entstandenen Häuser.

Hier sehen wir die etwas „landseitiger" errichteten ersten Villen in den Straßen Backbord und Steuerbord. Einige dieser charakteristischen Gebäude stehen Gott sei Dank auch heute noch und tragen zur Verschönerung des Stadtbilds bei.

Im Vordergrund sehen wir die typischen Villen der Kaiserallee, im Hintergrund die bereits erwähnten ersten Gebäude in den Straßen Backbord und Steuerbord.

Etwas später – nämlich nach 1912 – entstand diese Aufnahme. Sie zeigt die Kaiserallee mit Blickrichtung zum Wasserturm.

Einen schönen Überblick gibt dieses Bild: zwar nicht vom Hotel aufgenommen (so hoch war es nicht), sehen wir hinter dem Strandpavillon das Villenensemble, die alten Tennisplätze sowie die Außenallee und im Hintergrund die Baumreihe an der Mecklenburger Landstraße auf dem Priwall.

Was wäre ein Tennisplatz ohne Spieler? Die zunächst am Brügmanngarten eingerichteten Tennisplätze wurden erst 1922 in den Kurpark verlegt.

Aufnahmen bis 1945

Im sogenannten Ostseejahr 1931 kreuzt der Zeppelin LZ 127 die Trave.

Um 1930 dürfte dieses Foto entstanden sein. Auf dem Gelände der heutigen Zufahrt zur Priwallfähre sowie dem heutigen Fährplatz finden sich Fischerboote aller Art. Das Traveufer ist hier noch unbefestigt.

Im Vordergrund sehen wir die neu aufgespülte Fläche um den Baggersand, im Hintergrund den alten Ortskern. Da die Häuser in der Boelckestraße bereits erbaut sind, dürfte das Foto aus der zweiten Hälfte der 1930er-Jahre stammen. Die Boelckestraße entstand nämlich erst ab 1935 für die Mitarbeiter der Flugzeugerprobungsstelle (E-Stelle) auf dem Priwall.

Hier sehen wir den Hafenbahnhof in seiner ganzen Pracht. Dieses wie auch das vorherige Bild müssen spätestens in den frühen 1930er-Jahren entstanden sein, da die Boelckestraße noch nicht existiert.

1882 wurde eine Eisenbahnverbindung zwischen Lübeck und Travemünde geschaffen, zunächst nur bis zum Stadtbahnhof, der sich im heutigen Gebäude Vogteistraße 19 befand. 1913 wurde nach den Plänen von Fritz Klingholz ein neuer Bahnhof, der Hafenbahnhof, erbaut. Dahinter der noch recht kleine Friedhof, links die Ziegelei und weiter rechts die Travemünder Mühle.

In der Vorderreihe schaut eine Frau auf einen Aufmarsch zum Maifeiertag in den 1930er-Jahren. Während in der Weimarer Republik die Aufmärsche von unterschiedlichen Parteien durchgeführt worden waren, gab es im „Dritten Reich“ nur noch Aufmärsche nationalsozialistischer Organisationen.

An den neben dem Ostpreußenkai gelegenen Anlegestellen finden zwei Schiffe der Reederei Krohn Platz, dahinter links Schiffe der Kriegsmarine sowie das Segelschulschiff „Deutschland", aufgenommen Mitte der 1930er-Jahre. ▸

Die Travemünder Fischer landeten ihren frisch gefangenen Fisch nicht etwa im jetzigen Fischereihafen an, vielmehr diente ein Großteil des gesamten Ufers an der Vorderreihe den Fischern als Ankerplatz, mindestens aber als Liegeplatz zum Verkauf. Zwischen 1920 und 1922 wurden so viele Heringe gefangen, dass die Abnehmer auch aus dem nördlichen Schleswig-Holstein anreisten. Ein Großteil der Travemünder lebte „seit Alters her" vom Fischfang. Auf dem gegenüberliegenden Traveufer erkennen wir das Kohlenhofhäuschen mit seiner Anlegestelle für die bis 1954 betriebene Mittelfähre, dahinter die Tribünen der Pferderennbahn.

1935 läuft die „Danzig", eines der Linienschiffe des Seedienstes Ostpreußen, ein, begrüßt von der SA und vermutlich ausgewählten Parteigenossen. Der Seebäderdienst war geschaffen worden, nachdem Ostpreußen durch den Versailler Vertrag vom übrigen Deutschland abgetrennt worden war. Man wollte so den Landweg durch den „polnischen Korridor" vermeiden. ▸

Seedienst Ostpreußen
EINGANG
Deutsche denkt an die Saar!
AUSGANG
Ostseebad Travemünde
„Hansestadt Danzig" im H

◂ Ein paar deutsche U-Boote laufen Mitte der 1930er-Jahre aus Travemünde aus. Über einen eigenen U-Boothafen verfügte Travemünde seinerzeit allerdings noch nicht. Dieser wurde erst 1940/41 erbaut.

Diese schöne Luftaufnahme lässt insbesondere die Änderungen im Bereich der Kaianlagen erkennen. Links auf dem Bild erstreckt sich nun der Ostpreußenkai, rechts hat sich viel Gastronomie angesiedelt. Fast unverändert zeigen sich hingegen die Häuser in der Kurgartenstraße.

◂ Ein auf einer Lübecker Werft gebautes Schwimmdock wird 1936 nach Skandinavien transportiert.

◂ Von den rückwärtigen Gärten der Vorderreihe blicken wir über die Kurgartenstraße bis in die Fehlingstraße. An den bahnseitig gelegenen Grundstücken entstanden in den 1930er-Jahren mehrere Doppelhäuser.

Die Vorderreihe vom Ostpreußenkai bis zur Travepromenade sehen wir auf diesem Foto von 1937. Die traveseitigen Grundstücke nördlich der Mecklenburger Landstraße sind noch nicht bebaut.

Ostseebad Travemünde. Hafen m. Torpedobooten u. Schulschiff „Deutschland".

◂ Reger Schiffsverkehr herrscht Mitte der 1930er-Jahre auf der Trave. Großer Flottenbesuch der Kriegsmarine: Ein Fährschiff nach Finnland, das Segelschulschiff „Deutschland", ein Seebäderschiff der Reederei Krohn und die Mittelfähre sind zu sehen.

Ostseebad Travemünde aus der Vogelschau

Aus größerer Höhe blicken wir auf diesem Foto aus den 1920er-Jahren zurück auf Travemündes Altstadt. Von Baumreihen gesäumt sind die Lübecker Chaussee (links) sowie die Straße nach Gneversdorf bis weiter nach Niendorf/Ostsee. Der jetzige Teutendorfer Weg (Abzweigung von der Lübecker Chaussee) scheint ein einfacher Feldweg zu sein. Erst ab Mitte der 1930er-Jahre entstand die Teutendorfer Siedlung um den Teutendorfer Weg, errichtet für die Mitarbeiter der E-Stelle auf dem Priwall.

◂ Mitte der 1930er-Jahre ist diese Aufnahme entstanden. Das Deutsche Reich rüstete auf allen militärischen Ebenen auf, da es die der Reichswehr durch den Versailler Vertrag auferlegten Rüstungsbeschränkungen durch Erreichen der sogenannten Wehrhoheit abgeworfen hatte. Das zivile Schulschiff „Deutschland" war 1927 vom Stapel gelaufen und befindet sich jetzt als Museumsschiff in Bremen-Vegesack.

◂ Dieses Bild – ebenfalls aus den 1920er-Jahren – zeigt im Vordergrund das Leuchtenfeld mit dem alten Lotsenhafen und dem 1907 erbauten Gebäude des Lübecker Yachtclubs (LYC).

Wir blicken nun auf den nördlichen Teil des an der Trave gelegenen Abschnitts des Leuchtenfelds. Eine spezielle Travepromenade war in den 1930er-Jahren noch nicht existent. Man lief kreuz und quer über die Rasenfläche. Das Foto ist offensichtlich von einem Schiff aus aufgenommen worden. Anders als heutzutage haben auch große „Pötte“ an den Anlegestellen der Promenade festgemacht.

◂ Bestes Segelwetter scheint am Tag dieser Fotoaufnahme aus den frühen 1930er-Jahren zu herrschen. Links das Rettungsgebäude der DGzRS, rechts das Gebäude des LYC.

Ostseebad Travemünde

Die „Milwaukee“ gehörte zur HAPAG-Reederei Hamburg: Sie lief 1929 bei Blohm & Voss vom Stapel und wurde im Transatlantikverkehr eingesetzt. Das Bild müsste um 1930 entstanden sein. Im Zweiten Weltkrieg diente die „Milwaukee“ der Kriegsmarine als Wohnschiff. Nach Kriegsende 1945 lief es unter dem Namen „Empire Waveney“ unter britischer Flagge. 1947 wurde es in Schottland verschrottet.

◂ Das Einlaufen der „Milwaukee" stieß – ebenso wie heute die Ankunft von Kreuzfahrtschiffen – auf großes Interesse. Die Brücke rechts diente damals als Anlegestelle für die Norderfähre zum Priwall. Die Nordermole mit dem entsprechenden Molenkopf blieb bis zum Ende der 1950er-Jahre unverändert. Um jedoch der dauernden Versandung der Travemündung, die dem Abbröckeln des Brodtner Ufers geschuldet ist, zu begegnen, wurde sie in zwei Bauabschnitten verlängert.

In den frühen 1930er-Jahren, fotografiert von der Lübecker Bucht aus, gewinnen wir einen Überblick über einen Teil von Alt- und Neu-Travemünde. Der Steenkamp ist noch nicht existent, die Fehlingstraße zu einem Großteil bebaut und oben rechts erkennen wir den Turm der zwischen Brodtner Kirchstieg und Gneversdorfer Weg gelegenen alten Ziegelei.

◂ Das Schulschiff „Deutschland" verlässt in den 1930er-Jahren Travemünde. Auf der Travemünder Seite ist die damalige Anlegestelle der Norderfähre zu sehen.

Ostseebad Travemünde
Blick vom Flugzeug.

Ostseebad Travemünde
Orig. Fliegeraufnahm

◂ Blick vom Doppeldecker in den 1920er-Jahren auf die Kuranlagen.

Dieses Foto aus den späten 1920er-Jahren vermittelt uns einen anschaulichen Überblick über die Kuranlagen. Unten die Seebadeanstalt, darüber links die Warmbadeanstalt aus dem Jahre 1900, daneben das Hotel- und Villenensemble, das „Hansa-Hotel“, oben das 1913 erbaute Kurhaus nebst dem „Arkadenhaus“ von 1836 und dem „Schweizerhaus“ von 1863. Rechts neben dem Brügmanngarten befindet sich nun statt des Strandpavillons ein Rondeel.

◂ Die Perspektive hat gewechselt. Hier ist im Wesentlichen Neu-Travemünde mit dem Kurhaus-Ensemble samt Nebenhäusern, der großen Badeanstalt, der langen Seebrücke und dem Villengebiet nördlich und östlich des Godewindparks zu sehen.

Travemünde
Strand

Phot Gärtner

◂ Aus den 1930er-Jahren stammt diese Luftaufnahme, die sehr anschaulich die Ausmaße der 1951 abgerissenen Seebadeanstalt zeigt.

Östlich und westlich der Seebadeanstalt befand sich der normale Kurstrand mit seinen Strandkörben und den zum Teil aufwändig herumgebauten Strandburgen. Die Burg mit den Fähnchen will offensichtlich an einem Burgenwettbewerb teilnehmen.

◂ Abgeschirmt durch Zäune und Sichtblenden sonnen sich die Badegäste in den frühen 1930er-Jahren auf dem Gelände der Seebadeanstalt.

Zu meinen Lieblingsluftbildern gehört diese Mitte der 1920er-Jahre entstandene Aufnahme, die das Areal um das 1914 errichtete Kursaalgebäude zeigt. Links sehen wir den 1882 errichteten großen Strandpavillon, umgeben von gepflegter Außengastronomie. Die teilweise verdeckten Häuschen links dienten dem Verkauf von Ansichtskarten und Strandzubehör. Rund zwei Jahrzehnte stand der Strandpavillon „allein auf weiter Flur“. Erst Anfang des 20. Jahrhunderts folgte zunächst das zuerst ausschließlich an der Strandpromenade gelegene „Strandhotel“ (unmittelbar neben dem Kursaalgebäude), dem später ein Erweiterungsbau Richtung Kaiserallee hinzugesetzt wurde. Erst ein gutes Jahrzehnt später entstand das Kursaalgebäude mit seinen Anlagen, unmittelbar vor dem Gebäude, das sich 1885 – stolz auf seinen Ausblick zum Meer – „Bellavista“ nannte und diesen auch knapp 20 Jahre innehatte.

Die Umgebung des Kursaals in den 1930er-Jahren: Der Strandpavillon ist verschwunden. Seinen Platz nimmt jetzt ein Rondeel ein, das in dieser Form über 90 Jahre existierte. Richten wir unseren Blick auf die obere Bildmitte, erkennen wir, dass der Fahrenberg noch nicht bebaut ist.

Der Kursaalgarten wurde auch in der Zeit zwischen den beiden Weltkriegen gerne für Tanzveranstaltungen genutzt. Zur Zeit des „Dritten Reiches" war natürlich auch immer das Militär präsent.

Neben dem Kursaal sind das „Strandhotel“ mit einem recht großen Hotelgarten sowie das mit Verzierungen und Türmchen versehene „Strandhaus Becker“ zu erkennen.

Unterschiede zwischen diesem Foto aus den 1930er-Jahren und der heutigen Bebauung gibt es einmal im Bereich des „Strandhotels“, des Kursaals, der noch über keinen imposanten Vorbau hin zur Kaiserallee verfügt und der linksseitigen Bertlingstraße. Das „Bellavista“, Eckhaus an der Kaiserallee gegen-

über dem Kursaal, ist ebenso wie das Nachbargebäude in der Bertlingstraße mit einer einheitlichen Bepflanzung versehen. Beide Gebäude gehörten seinerzeit demselben Eigentümer.

Diese Luftaufnahme erstreckt sich vom „Schweizerhaus" über den Kurhauskomplex (links) bis zum „Possehlhaus" (rechts). Senator Emil Possehl hatte an der Kaiserallee gleich mehrere zusammenhängende Grundstücke erworben und darauf 1904 eine mit einem großzügigen Garten versehene Villa bauen lassen – sogar mit direkter Meerwasserzuleitung. Oben erkennen wir den Godewindteich.

Ein Feldweg führt den Fahrenberg herauf. Bei dem abgebildeten Flugzeug handelt es sich um eine Junkers G 38 mit dem Kennzeichen D-2500. Von diesem Typ existierten nur zwei Exemplare. Sie wurden von der Deutschen Luft Hansa (seinerzeit noch getrennt geschrieben) im internationalen Liniendienst sowie für Sonderflüge eingesetzt. Das Flugzeug fasste bis zu 34 Passagiere.

Die alte Strandpromenade bis zum 1928 errichteten neuen Strandpavillon ist auf dieser Aufnahme aus den 1930er-Jahren zu erkennen, dahinter das nur spärlich bebaute Neu-Travemünde – viel Platz herrscht auch noch zwischen der Kaiserallee und dem Steuerbord.

Vor dem hinteren Teil der Kaiserallee erstreckt sich noch der herrliche Sandstrand bis zur Mövenbadeanstalt, der als Freistrand für jedermann diente. Bei den Bauwerken handelt es sich um den „Ostseekurhof" (links) und das „Ostseehotel" (rechts). In den späten 1960er- und frühen 1970er-Jahren wurden diese Gebäude abgerissen und durch riesige Wohnanlagen ersetzt. Im Hintergrund ist der „Evershof" zu sehen.

Café · Restaurant · Seestern
Hotel

◂ Begeben wir uns nun zur Umgebung des Strandbahnhofs mit dem „Hotel Seestern“ (links), dem „Bella-vista“ (rechts) und einer sich offensichtlich in einem ordentlichem Zustand befindlichen Bertlingstraße, aufgenommen zu Beginn der 1930er-Jahre.

Kurze Zeit später beginnt die erste Bebauung am Steenkamp. Im Eckhaus Fehlingstraße 63 hat sich das Fuhrwesen Gustav Schreiber mit Nebengebäuden, die bis in den Steenkamp reichen, angesiedelt. Unten erkennen wir die Eisenbahntrasse, die über Brodten nach Niendorf führte. Diese Bahnverbindung wurde 1978 eingestellt.

◂ Mitte der 1930er-Jahre zeigt sich die Umgebung des 1912 von Fritz Klingholz entworfenen Strandbahnhofs noch recht „aufgeräumt“– nur ein kleiner Teil der Fehlingstraße ist bebaut, am Steenkamp stehen die ersten Baracken.

Mit der Erweiterung der E-Stelle auf dem Priwall mussten ab dem Jahr 1935 Bauten für deren Mitarbeiter und das Militär errichtet werden. Die hier abgebildeten Mehrfamilienhäuser am Achterdeck dienten der Unterbringung der Offiziersfamilien.

Unschwer ist auf diesem Foto aus der zweiten Hälfte der 1930er-Jahre zu erkennen, warum man diesem Gebiet Schiffsnamen, wie Backbord, Steuerbord, Mittschiffs, Achterdeck und Fallreep gegeben hat. Als nach dem Zweiten Weltkrieg weitere Neubaugebiete erschlossen wurden, ergänzte man sie einfach (Am Heck, Im Beiboot, Leegerwall, um nur einige zu nennen).

Das Gleiche gilt für die Häuser Mittschiffs und am Backbord.

Große Gartenanlagen säumen den angrenzenden Park am Godewind in den 1930er-Jahren.

Zwischen dem Brodtner Kirchsteig und dem Gneversdorfer Weg bestand ab 1895 eine Ziegelei, die ab 1897 von der Familie Schütt geführt wurde. 1968 wurde sie stillgelegt, 1974 wurden sie abgerissen. Hier entstand dann in den 1980er-Jahren der „Durchstich" zum Gneversdorfer Weg, der dazu führte, dass aus der einstmals beschaulichen Straße Moorredder eine der vielbefahrensten Straßen Travemündes wurde.

Nachkriegszeit

Das 1959 entstandene Foto gibt uns einen Überblick über das damalige Travemünde: unten links das Siechenhaus, das in den 1970er-Jahren im Zuge des Ausbaus des Skandinavienkais abgerissen wurde, unten rechts die Fischersiedlung, die schon frühzeitig dem Skandinavienkai weichen musste. Die „Passat" liegt noch auf Reede. Erst 1960 nimmt sie ihren Platz im ehemaligen U-Boot-Hafen ein, der seitdem Passathafen heißt.

Der 1962 eingeweihte Skandinavienkai sollte sich im Laufe der Jahrzehnte zum größten Fährhafen Europas entwickeln: Skandinavien, Polen, Russland und die baltischen Staaten waren und sind z.T. noch die Destinationen. Auf dem Bild sehen wir das alte Terminal. Zu Beginn des 21. Jahrhunderts wurde der Komplex des Skandinavienkais total umgebaut: Riesige Landmassen wurden bewegt, die Bahntrasse wurde verändert, die bisherige B75 in diesem Teil entwidmet. Eine neue Verkehrsführung erlaubt nur noch Linienbussen, das Areal des Terminals zu kreuzen, der Zugang nach Travemünde ist nur noch über einen riesigen Umweg möglich. Das alte Terminal wurde abgerissen und 2005/06 durch das neue Hafenhaus ersetzt.

Ende der 1950er-Jahre blicken wir vom Gneversdorfer Weg mit dem Kino „Filmeck“ links unten auf die Bahnanlagen des Hafenbahnhofs, die weitgehend unbebaute Vogteistraße, die großen, zwischen Vogteistraße und Torstraße sowie Kurgartenstraße liegenden Gärten und die selten abgebildete Danzmannstraße.

◂ Vom Kirchturm der St.-Lorenz-Kirche schauen wir im Jahre 1965 auf den Fischereihafen sowie den Skandinavienkai.

Um 1960 ist dieses Foto entstanden. An der Priwallspitze hat sich der Verein für Kanusport Lübeck (VKL) niedergelassen und hofft auch heute, dieses Gelände weiter nutzen zu dürfen. Am Ostpreußenkai liegen die „Drottning Victoria" sowie die „Nordland".

◂ Der Blick Richtung Gneversdorf führt von der Vogteistraße zum Gasometer, der sich damals in der Nähe der Ringstraße befand.

DANIA

◂ In den 1950er- und frühen 1960er-Jahren war es nicht so einfach, ins Ausland zu reisen. Am Ostpreußenkai wurde deshalb ein Abfertigungsgebäude errichtet, in dem die Pass- und Zollformalitäten erledigt werden mussten. Im Hintergrund sehen wir die „Dania", die regelmäßig nach Kopenhagen fuhr.

1947 ist dieses Bild vom Wasserturm aus entstanden. Neben Teilen des Leuchtenfeldes und des Priwalls mit seinen Baracken weist es noch eine Rarität auf, die man beim flüchtigen Betrachten leicht übersehen kann. Schaut man auf den Teil der Pötenitzer Wiek, die dem Ort Pötenitz vorgelagert ist, so fallen dort etliche Bauten auf. Dabei handelt es sich um Anlagen des ehemaligen Luftwaffenzeugamtes Pötenitz, das für die logistische Versorgung der auf dem Priwall befindlichen E-Stelle zuständig war. Es handelte sich um geheimes Militärgebiet, von dem es kaum Fotos gibt. Mit Beendigung des Zweiten Weltkriegs haben zunächst die Briten, dann die Sowjets die Anlagen demontiert. In der DDR gehörte es zum Sperrgebiet, sodass die Erinnerung an das Luftwaffenzeugamt praktisch ausgelöscht ist.

◂ Die am Kai liegende „Drottning Victoria" bediente bis Anfang der 1960er-Jahre die Strecke Travemünde–Trelleborg. Vor dem Abfertigungsgebäude steht ein Gelenkbus der LVG.

Auch diesen Blick aus den 1960er-Jahren verdanken wir der Aussichtsplattform des Wasserturms. Dieser 1910 erbaute Turm wurde, da er nicht mehr gebraucht wurde und keinen Käufer fand, im Jahre 1977 abgerissen. Im Vordergrund sehen wir das Leuchtenfeld, das auch damals als Parkplatz genutzt wurde, der aber offensichtlich erheblich gepflegter war als heute. Die „Nils Holgersson", ein Fährschiff

der damals noch in Hamburg ansässigen Travemünde-Trelleborg-Linie (TT-Linie) läuft in den Hafen ein. Die „Passat“ zeigt mit dem Bug traveaufwärts und am Passathafen sind die während des „Dritten Reiches“ errichteten Gebäude zu sehen, die nunmehr nebst dem dahinterliegenden Zeltplatz durch den „Waterfront“-Komplex ersetzt werden.

◂ Unten sehen wir das Gebäude der Wasserschutzpolizei, davor ein Hausboot. Die Travepromenade ist rudimentär vorhanden, mehrere Trampelpfade führen in den 1950er-Jahren kreuz und quer durch das Gelände.

In der zweiten Hälfte der 1960er-Jahre muss dieses Bild entstanden sein: Bereits 1959 wurde das Kurmittelhaus anstelle des ehemaligen 1900 errichteten Warmbades gebaut. Links daneben sehen wir das 1966 errichtete Meeresschwimmbad, das 1973 in den Maritim-Komplex integriert wurde. Das Kurmittelhaus hatte nur eine äußerst kurze Lebensdauer: 1972 wurde es schon wieder abgerissen.

◂ Vom Priwall schauen wir in den 1960er-Jahren auf das Kurgebiet von Travemünde. Das vom Kurhaus fast bis zum Strand reichende Wäldchen war der „Friedrichshain“. Mit der Neuausrichtung des „Maritim“-Komplexes ist das Wäldchen faktisch verschwunden.

Aus den 1950er-Jahren stammt diese Luftaufnahme: Links ist der noch recht schmale Sandstrand zu sehen, da die Nordermole, an der sich später ein breiter Strand entwickelte, noch nicht verlängert worden war. Aus dem beginnenden 20. Jahrhundert stammt das aus vier Villen bestehende Ensemble, daneben das Warmbad. Neben dem Warmbad befand sich der Hockeyplatz, rechts unten das 1873 errichtete „Hansahotel“. Links der – noch ohne Musikmuschel – neu angelegte Brügmanngarten.

Ohne Not wurden die von Privateigentümern an die Hansestadt Lübeck verkauften Villen „Augusta" und „Marienlust" sowie das „Hansahotel" im Zuge des Baus des „Maritims" Anfang der 1970er-Jahre abgerissen. Nur die beiden verbliebenen Privateigentümer be- und erhielten ihre Villen und tragen damit zum positiven Erscheinungsbild der an der Promenade gelegenen Häuser bei. Auf den Grundstücken der abgerissenen Häuser befindet sich jetzt Rasen, z.T. mit Fahrradständern versehen.

Dieses in den 1960er-Jahren entstandene Bild zeigt u.a. die rückwärtigen Ansichten des Kurmittelhauses sowie des 1966 erbauten Meerwasserschwimmbades. Der Brügmanngarten hat eine Musikmuschel erhalten und die Verpflegung der Strandbesucher erfolgt von See aus durch die beiden kleinen Boote der Familie Lateit.

So sah der Kurhauskomplex von 1913 bis 1962 aus. Das neben dem Kurhaus gelegene „Arkadenhaus“ sowie das rechts davon befindliche „Schweizerhaus“ wurden 1962 durch einen Kursaal ersetzt, der dem Geschmack der Zeit entsprach. Dahinter sehen wir den Wasserturm und hinten rechts die Ziegelei.

Ein schönes Hotelensemble, das unwiderruflich verloren ist, zeigt diese Aufnahme aus den 1950er-Jahren. Links das „Strandhotel“, das in den 1970er-Jahren abgerissen wurde, in der Mitte das auch jetzt noch existente „Strandhaus Becker“ und rechts der „Fürstenhof“, der bereits 1959 einem architektonischen Monstrum Platz machen musste, der ersten größeren Apartanlage, zunächst unter dem Namen „Eurotel“ geführt, der in den 1960er- und frühen 1970er-Jahren viele weitere folgten.

◂ Der zunächst als Konversationshaus im Jahre 1914 erbaute städtische Kursaal (Bauzeit ebenso wie das 1913 privat errichtete Kurhaus jeweils nur rund sechs Monate) war bis zum Beginn des Zweiten Weltkriegs auch für seine Tanzveranstaltungen berühmt, diente im Krieg als Reservelazarett, wurde mit Kriegsende von der britischen Besatzungsmacht requiriert und erstrahlte ab 1949 als Casino in neuem Glanz. Travemünde erhielt – in Anlehnung an Monte Carlo – den Spitznamen „Travemonte“. Neben dem Glücksspiel und den Veranstaltungen der Belle Epoque gehörten die Tanzvergnügen mit verschiedenen Musikkapellen zu den Höhepunkten. Besonders beliebt in den 1950er-Jahren war das Orchester Antonio Puttini.

Tanz Café BAR
Strand Pavillon

◂ Am Ende des Kurstrandes entstand statt des 1926 abgerissenen alten Strandpavillons der neue Strandpavillon, in den 1950er- und 1960er-Jahren als „Café Dietz“ bekannt.

Travemünde verfügte über einen Sandstrand, der sich von der Mole bis zur Badeanstalt am Mövenstein erstreckte. Dieser ist auf dem Foto aus den späten 1960er-Jahren gut zu erkennen. Ende der 1960er-Jahre erfolgte der Abriss der alten herrschaftlichen Villen. An deren Stelle entstanden die ersten großen Wohnanlagen. Mitte der 1970er-Jahre war die Umgestaltung komplett abgeschlossen. Auch der Sandstrand verschwand, er wurde durch den sogenannten Grünstrand ersetzt.

Am oberen Helldahl befanden sich Villen und das „Golfhotel", das mit dem gegenüberliegenden „Seetempel" eine Einheit bildete. Die Straße zwischen diesen Gebäuden führte zum Golfplatz, der dort seit 1929 ansässig ist. Das 1929 erbaute „Golfhotel" sowie der „Seetempel" von 1930 (es gab bereits zwei Vorgänger gleichen Namens) wurden Ende der 1980er-Jahre abgerissen. Hier befinden sich jetzt Woh-

nungseigentumsanlagen. Die Straße zum Golfplatz wurde aufgehoben, die Zuwegung erfolgt nun über den Kowitzberg. In den letzten Jahren sind auch die unten zu sehenden Villen durch Wohnungseigentumsanlagen ersetzt worden. Rechts am Brodtner Ufer blicken wir auf den 1927 erichteten Söhrmann-Damm, der das Brodtner Ufer an diesem Teil vor einer weiteren Erosion bewahrte.

Das Brodtner Ufer verläuft etwa vier Kilometer zwischen Travemünde und Niendorf. An seinem höchsten Punkt, fast in der Mitte zwischen den beiden Ortschaften, befindet sich die Gaststätte „Hermannshöhe", ein Traditionslokal, das dem Konsul Hermann Fehling seinen Namen verdankt. Fehling liebte diese Anhöhe. Er war der einzige Travemünder Ehrenbürger – aufgrund der 1913 erfolgten Eingemeindung Travemündes nach Lübeck durfte Travemünde keine eigenen Ehrenbürgerschaften mehr verlei-

hen. Das Brodtner Ufer bröckelt jedes Jahr im Schnitt etwa 50 Zentimeter und mehr ab. Auf diesem Bild aus den 1950er-Jahren befindet sich die Gaststätte noch weit vom Ufer entfernt. Das Häuschen unten wurde 2014 ein Opfer der Küstenerosion. Es musste abgerissen werden, da es ansonsten den Abhang heruntergestürzt wäre. Die Steiluferküstenlinie verläuft jetzt unmittelbar in Höhe des ehemaligen Häuschens.

In den 1960er-Jahren entstand westlich des Moorredder eine Neubausiedlung mit einer Mischbebauung aus Mehr-und Einfamilienhäusern: der Nordlandring mit seinen dem skandinavischen Raum entlehnten Straßennamen wie Dänemark-, Schweden-, Finnlandstraße. Mittlerweile ist das gesamte Gebiet zwischen dem Moorredder und Gneversdorf bebaut. Der Moorredder, zu Beginn eine einfache und ruhige Straße, wurde in den 1980er-Jahren mit dem Gneversdorfer Weg verbunden. Dazu musste zuvor die alte Ziegelei entfernt werden. Der Moorredder ist inzwischen vermutlich die Haupteinfallsstraße nach Travemünde. Zwischen der Neubausiedlung und dem dahinterliegenden Steenkamp verlief bis 1978 die Eisenbahnlinie nach Niendorf mit Haltestelle am Moorredder („Travemünde Nord").

Blick auf den am Lotsenberg stehenden Bunker von der Fehlingstraße aus. Er konnte nicht gesprengt werden, da die umliegenden Häuser hätten beschädigt werden können. Verschiedene Nachnutzungsmöglichkeiten wurden erwogen. Letztlich entstand in den 1990er-Jahren ein gelungener Umbau zu einer Wohnungseigentumsanlage. Der Schornsteinfeger gibt dem Bild eine eigene Note.

Hier sehen wir das Kino „Kurlichtspiele“ in der Vogteistraße, vor dem Kurpark das „Kurgartenhaus“ und dahinter den im Zweiten Weltkrieg erbauten Luftschutzbunker im Jahre 1965.

Vom Gneversdorfer Berg schauen wir 1965 auf Travemünde. Unser Blick geht über Felder zur Ziegelei, weiter zur Trave zwischen dem Priwall und dem Dummersdorfer Ufer.

Ebenfalls vom Gneversdorfer Berg erfolgt der Blick auf das Haus „Bethanien“ – ein Schwester-Erholungsheim der evangelischen Kirche – und weiter in Richtung Brodten und Lübecker Bucht.

Priwall bis Anfang der 1970er-Jahre

Wir blicken vom Kirchturm der St.-Lorenz-Kirche auf die Schlichting-Werft. Im Hintergrund sind Teile des Flughafens zu erkennen. Auf der Travemünder Seite sehen wir das noch unbefestigte Traveufer mit den kleinen Fischerbooten, die direkt über den Travestrand zu Wasser gelassen werden konnten. Begonnen hat die Geschichte der Firma Schlichting mit dem Bau einer Fischkiste. Allerdings einer besonderen: Es handelte sich um eine im Wasser befindliche Kiste, in der die gefangenen Fische so lange gehalten wurden, bis sie zum Verzehr herausgeholt wurden.

Die Schlichting-Werft wurde 1898 von Johannes Schlichting gegründet. Standort war zunächst die Jahrmarktstraße auf der Travemünder Seite, die seinerzeit unmittelbar an das Traveufer grenzte. 1905 wechselte der Firmensitz auf den Priwall. Die Aufnahme stammt aus dem Jahr 1925.

In der Nachkriegszeit wurden KFK-Kutter wieder zu zivilen Schiffen umgebaut. 1953 lief das erste Motorschiff, die „Antonia“, vom Stapel. Es folgte eine Reihe weiterer Motorschiffe. Auch die Bundesmarine zeigte Interesse an der präzisen Arbeit der Werft.

Das Werftgelände vergrößerte sich zusehends. In Spitzenzeiten beschäftigte Schlichting bis zu 1.000 Mitarbeiter. Auf der Werft liegen Schiffe der Bundesmarine. Das unten gut zu erkennende Fährschiff ist die „Travemünde“ der Moltzau-Linie, die nach Gedser fährt. Bei dem hinteren Schiff könnte es sich um die „Sveaborg“ handeln.

Über das Werftgelände blicken wir Richtung Osten. Die große Freifläche ist seit Jahrzehnten bebaut. Nur die Straßennamen Alte Werft und Helling erinnern an die einstige Fabrikationsstätte.

Dieses Ende der 1920er-Jahre entstandene Bild gibt uns einen ersten Eindruck vom nord-westlichen Teil des Priwalls mit seinem kleinen Wäldchen nördlich der Mecklenburger Lanstraße, „Schonung“ genannt.

Vom Kirchturm der St.-Lorenz-Kirche blicken wir Ende der 1920er-Jahre über den Travemünder Fähranleger hinweg auf den nördlichen Priwall und seine Rennbahn.

Auf diesem Bild sind die Strukturen der Rennbahn deutlicher zu erkennen. Von 1884 bis 1934 wurden Pferderennen durchgeführt. Zur Kaiserzeit war das Interesse so groß, dass zeitweilig sogar Pontonbrücken erforderlich waren, um den Andrang zu bewältigen. Ab 1898 setzte man dann eine neue Fähre, die Norderfähre, ein. Nach dem Ersten Weltkrieg ebbte das Interesse an Pferderennen merklich ab.

Um 1920 muss dieses Foto der Flugzeugwerke auf dem Priwall entstanden sein.

Dieses in der zweiten Hälfte der 1920er-Jahre aufgenommene Luftbild veranschaulicht den südlichen Priwall mit seinem Flughafen, zeigt aber auch das große, weitgehend unbebaute Gebiet bis über den Hemmelsdorfer See hinaus. Wir erkennen das neu aufgeschüttete Gelände an der Siechenbucht, auf dem später die Straße Baggersand nebst Fischereihafen entstehen sollte.

Ein Bild aus einer seltenen Perspektive, nämlich aus Richtung Mecklenburg aufgenommen. Rechts die „Schonung“ an der Mecklenburger Landstraße, die ab Mitte der 1930er-Jahre dem Bau der Kasernen weichen mussten, links daneben die Villen an der Straße und mittig die große Flugzeugbergungshalle.

In der Gebäudereihe des Flugplatzes sehen wir Anfang der 1920er-Jahre links das erste Abfertigungsgebäude und daran anschließend die Flugzeugwerft, die ab 1920 nach ihrem Eigentümer in Caspar-Werke umbenannt wurde.

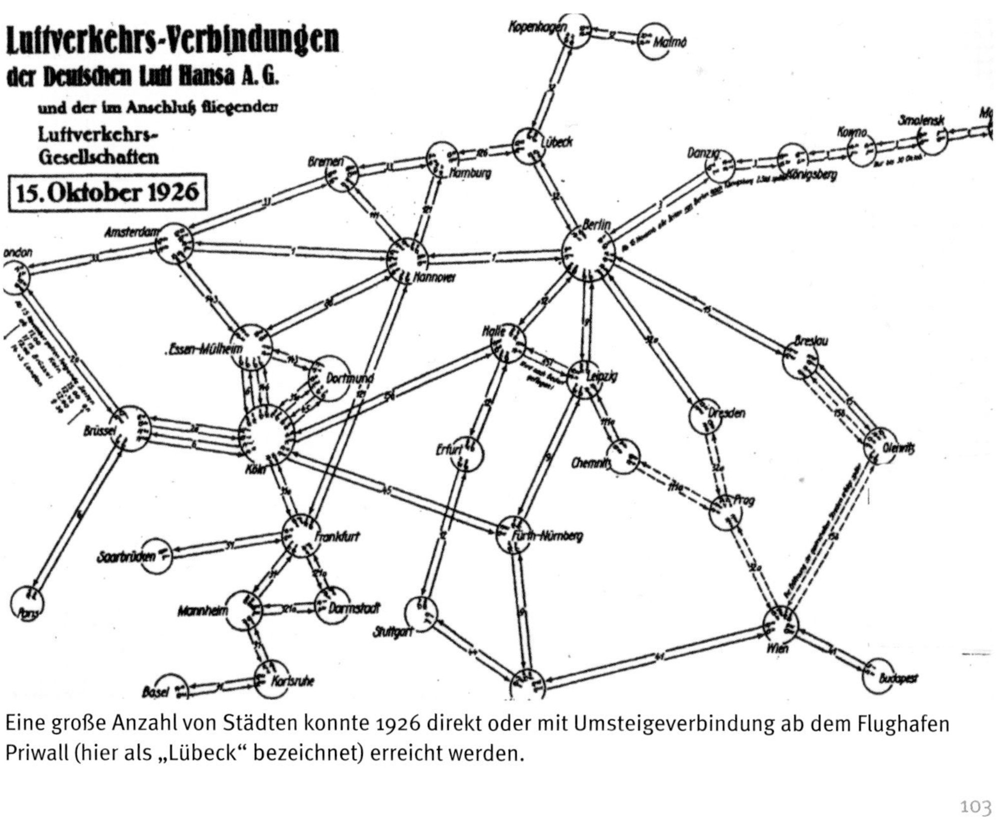

Eine große Anzahl von Städten konnte 1926 direkt oder mit Umsteigeverbindung ab dem Flughafen Priwall (hier als „Lübeck“ bezeichnet) erreicht werden.

Im Hintergrund sehen wir die 1928 errichtete stützungsfreie Flugzeugbergungshalle. Sie war die größte ihrer Art in Deutschland, mit den Ausmaßen 60 x 60 Meter sowie einer Höhe von 18 Metern.

Die 1931 entstandene Aufnahme zeigt anschaulich die Kombination von See- und Landflughafen. Fluggäste konnten problemlos von Landflugzeugen auf Wasserflugzeuge umsteigen. Travemünde war als sogenannter Reichsüberseeflughafen zum größten Seeflughafen Europas aufgestiegen. An der Landungsbrücke sehen wir die Dornier „Graf Zeppelin“.

Riesig ist die Menschenmenge, die anlässlich des sogenannten Ostseejahres auf dem Flugplatz und der Aussichtsplattform zusammenkommt.

In der Bildmitte sehen wir das Flughafengebäude mit dem 1930 errichteten Anbau und der Aussichtsplattform. Oben führt der heutige Fliegerweg zum Verwaltungsgebäude des Flughafens.

Einen schönen Blick über die Trave erhalten wir hier. Etliche Wasserflugzeuge machen sich bereit, die Anleger anzulaufen.

◂ Zu Himmelfahrt 1931 besuchte der Zeppelin auch Travemünde, landete auf dem Priwall und bot zum Preis von 250 RM eine Rundfahrt an, die über Norddeutschland sowie einige skandinavische Städte führte.

1932: Die Dornier „DO X" ist gelandet. Ihren Erstflug hatte sie 1929 absolviert. Die zwölf-motorige „DO X" war das größte Seeflugzeug bzw. genauer Großflugboot der Welt. Sie war 40,10 Meter lang, 10,10 Meter hoch und hatte eine Flügelspannbreite von 48 Metern. Bis zu 170 Passagiere konnten befördert werden. Zu Vermarktungszwecken trat sie 1930 einen Repräsentationsflug an, der sie auch über den Atlantik, u.a. nach Rio de Janeiro und New York, führte. Während ihres Aufenthaltes im Juli 1932 in Travemünde bot sie Rundflüge an.

◂ Sportflugzeuge haben sich 1931 zu einer „Flugrallye" bereitgestellt.

Wir blicken in Richtung Mecklenburg. Die ersten Wochenendhäuser sind aufgestellt. Eine feste Wochenendhaussiedlung gab es in den frühen 1920er-Jahren allerdings noch nicht: Die Häuschen mussten zusammenlegbar sein. Eine feste Struktur folgte erst Ende der 1920er-Jahre.

Aus den 1920er-Jahren stammt dieses Bild. Der Strand ist recht menschenleer. Im Hintergrund sehen wir die Badeanstalt, dahinter links die Pferderennbahn mit ihrer Tribüne. Der Priwall ist recht kahl und nur mit wenigen Dünen versehen.

Der Priwall war immer das Volksbad der Lübecker, im Gegensatz zum damals mondänen Travemünde. Die Aufnahme ist vermutlich Anfang der 1930er-Jahre entstanden.

Die „Zeltstadt“ wurde besonders von den Jugendlichen aufgesucht. Diese kamen aus ganz Deutschland bzw. nach Ende des Zweiten Weltkrieges vorwiegend aus Westdeutschland.

Ein Zeltplatz im Jahre 1961. Auf der gegenüberliegenden Seite des Weges ist der heutige „Dünen-Pavillon“ zu erkennen.

Nach dem Zweiten Weltkrieg entstanden auf den riesigen Arealen des Priwalls weitere Campingplätze, die sogar als „Auto-Campingplätze" ausgewiesen waren. Mit der touristischen Ausrichtung des Priwalls hin zu Ferienhausanlagen verschwanden sie weitgehend. Allerdings war in den letzten Jahren praktisch keiner der Urlauber noch mit einem Zelt angereist, vielmehr prägten Wohnwagen und Wohnmobile das Bild. Im Hintergrund sieht man die an der innerdeutschen Grenze befindlichen Baracken. Darin wohnten überwiegend Flüchtlinge und Aussiedler.

Der Priwallstrand Ende der 1950er-Jahre voll mit Strandkörben. Die „Drottning Victoria" verlässt Travemünde in Richtung Trelleborg.

◂ Der Priwallstrand um 1960. Das Haupthaus der Jugendfreizeitstätte ist gerade im Bau. Es wurde 2008 abgerissen. Seinen Platz hat jetzt eine Ferienhausanlage eingenommen. Trotz vieler gegenteiliger Beteuerungen hat es die Lübecker Politik noch nicht vermocht, einen adäquaten Ausgleich für Jugendliche auf dem Priwall zu schaffen.

Vom Mai 1945 bis zur Grenzöffnung 1990 endete die nach Mecklenburg führende Straße hier. Der Priwall war der nördlichste Punkt zwischen der Britischen Besatzungszone und der Sowjetischen Besatzungszone, d.h. ab Gründung der beiden deutschen Staaten zwischen der Bundesrepublik Deutschland und der DDR. Hinter dem Grenzzaun hatte die DDR ein fünf Kilometer tiefes Sperrgebiet eingerichtet, zu dem auch die Nachbarorte Pötenitz und Dassow gehörten und die – auch von DDR-Bürgern – nur mit einer Sondererlaubnis betreten werden durften. Die deutsch-deutsche Grenze galt als eine der bestgesicherten der Welt. Fluchtversuche von DDR-Bürgern endeten oft blutig. Soweit sie über die Ostsee geführt wurden, sogar tödlich.

◂ Gut besucht ist der Priwallstrand in den 1960er-Jahren. Im Hintergrund sehen wir das „Haus des Kurgastes“, das 1960 errichtet und im Februar 2006 wieder abgerissen wurde, nachdem es weitgehend ungenutzt zu einem Schandfleck verkommen war.

Auf eine Fahrt durch die vereiste Ostsee und Trave hat sich die „Baltic Star", größtes und beliebtestes „Butterschiff" Travemündes, begeben. Getauft war das Schiff zunächst auf den Namen „Helgoland". Während des Vietnamkrieges wurde es in den 1960er-Jahren als Lazarettschiff eingesetzt, das vor der

vietnamesischen Küste operierte. Nach dem Aus als „Butterschiff“ wurde es verkauft und fährt nun als „Galapagos Legend“ rund um die im Pazifik gelegenen Galapagos-Inseln. Im Hintergrund erkennen wir den Wachtturm der DDR-Grenztruppen und hinten rechts Pötenitz im DDR-Sperrgebiet.

Chronik

1187 Beginn der Geschichte Travemündes mit dem Bau einer Burg durch Graf Adolf III. in der Nähe der heutigen Straße Rose.

1226 Der Priwall wird Lübscher Besitz, von Mecklenburgern wird dies aber nicht als bindend anerkannt.

1235 Erstmalige Erwähnung der St.-Lorenz-Kirche.

1329 Lübeck erwirbt ganz Travemünde und beherrscht damit den Zugang zur Ostsee, Regierung durch einen vom Lübecker Senat eingesetzten Vogt.

1539 Errichtung des Leuchtturms durch holländische Baumeister.

1722 Gründung der Fischer-Compagnie, in der die Travemünder Fischer vereinigt werden.

1802 Travemünde wird drittes deutsches Seebad nach Bad Doberan/Heiligendamm und Norderney.

1803 Durch Reichsdeputionshauptschluss wird Priwall endgültig Lübecker Besitz.

1806 Napoleons Truppen besetzen Travemünde.

1813 Abzug der französischen Truppen.

1813 Beginn der Schleifung der Zitadelle, Errichtung besserer Zugänge zur sogenannten Seebadeanstalt, Aufblühen als Seebad durch Bau verschiedener Gast- und Logishäuser sowie der ersten Warmbadeanstalt.

1830 Beginn der Dampfschifffahrt zwischen Travemünde und St. Petersburg.

1872 Die größte bis dahin gekannte Sturmflut überflutet Travemünde.

1872 Verbot des durch die Franzosen eingeführten Glücksspiels.

1882 Erste Eisenbahnverbindung zwischen Lübeck und Travemünde, Errichtung des Stadtbahnhofs.

1883 Gründung des Lübeck-Travemünder Rennclubs.

1889 Geburtsstunde der „Travemünder Woche“.

1898	Verlängerung des Schienennetzes bis zum Strandbahnhof.
1899	Bis 1900 Bau einer Strandpromenade.
1905	Beginn der Planung und des Baus eines Villenviertels in Neutravemünde.
1912	Errichtung des neuen Gebäudes des Strandbahnhofs.
1913	Eingemeindung Travemündes nach Lübeck.
1913	Bau des Hafenbahnhofs.
1913	Errichtung des neuen „Kurhaus-Hotels".
1914	Errichtung des städtischen Kursaals.
1914	Eröffnung des Flugbetriebes auf dem Priwall.
1935	Beginn der Zunahme von militärischen Anlagen auf dem Priwall, Einstellung der zivilen Luftfahrt.
1945	Travemünde ist ab Mai Teil der britischen Besatzungszone unmittelbar an der Nahtstelle zur sowjetischen Besatzungszone.
1949	Das Spielcasino nimmt den Spielbetrieb wieder auf.
1960	Die „Passat" erhält einen Dauerliegeplatz im ehemaligen U-Boothafen und wird zum Wahrzeichen Travemündes.
1962	Der Skandinavienkai an der Siechenbucht eröffnet den Fährbetrieb mit der „Nils Holgersson" von der TT-Linie und ersetzt damit den Ostpreußenkai.
1973	Eröffnung des „Maritim", verbunden mit dem Abriss des „Hansa-Hotels" sowie der Villen „Augusta" und „Marielust".
1974	Das Leuchtfeuer wird vom Leuchtturm auf die Spitze des Hotels „Maritim" verlegt.
1990	3. Februar: Öffnung der Grenze zur DDR auf dem Priwall.

Das alte Travemünde
Ein Spaziergang in Bildern

Rolf Fechner

978-3-95400-026-5
18,95 €

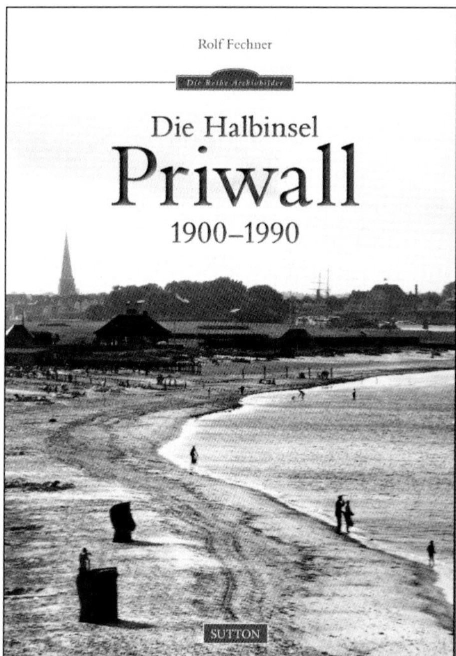

Die Halbinsel Priwall
1900-1990

Rolf Fechner

978-3-95400-315-0
19,99 €

Leben und Arbeiten in Travemünde
in alten Fotografien

Rolf Fechner

978-3-95400-614-4
19,99 €

Der Skandinavienkai in Travemünde

Lars-Kristian Brandt

978-3-95400-365-5
19,99 €